Guru Dev
Eine Kurzbiographie

SWAMI BRAHMANANDA SARASWATI MAHARAJ
JAGADGURU SHANKARACHARYA VON JYOTIRMATH

GURU DEV

Eine Kurzbiographie über
Swami Brahmanand Saraswati
Shankaracharya von Jyotirmath

Von Robert C. Sanders

Aus dem Englischen von Dr. Jens Petersen
Umschlaggestaltung und Satz: Jan Müller
Druck: Books on Demand GmbH, Norderstedt
Copyright © 2021 by Alfa-Veda Verlag, Oebisfelde
alfa-veda.com
ISBN 978-3-945004-53-1

VORWORT

Die großen Religionen sprechen von einem Glückszustand, der unbegrenzt ist, von einem Frieden, der jedes Verständnis übersteigt. Sie drängen uns aufzuwachen, diesen Zustand zu erfahren, den schweren Mantel der Trauer und des Leids abzulegen und in ewiger Freiheit und Erfüllung zu leben.

Dieser Ruf erklingt mit besonderer Schönheit in den ältesten Schriften, den alten vedischen Texten Indiens. Diese Texte, in Sanskrit verfasst, sind Meisterwerke der Weltliteratur und gleichzeitig Lehrbücher der spirituellen Erleuchtung. Sie sind Schätze von unermesslichem Wert, die Sucher seit Jahrtausenden geleitet haben und dies auch heute noch tun.

Die philosophische Lehre der vedischen Texte wird manchmal als *Vedanta* bezeichnet. Das bedeutet wörtlich „das Ende des Wissens" (*veda* Wissen; *anta* Ende). Auch wenn dies der Name eines philosophischen Systems ist, so wird Vedanta im weiteren Sinne als Gipfel oder innerster Kern spiritueller Wahrheit verstanden. Die Lehre des Vedanta findet sich in der ganzen Vielfalt der vedischen Texte, erreicht aber ihre volle Blüte in den Upanishaden, der Bhagavad Gita und den Brahma Sutras, die von den vedischen Gelehrten als *Prasthanatrayi* (wörtlich: „drei Quellen") bezeichnet werden.

Vedanta lehrt, dass unsere innerste Natur, die Seele, das Selbst, der *Atman*, *sat* (Wahrheit), *chit* (Bewusstsein) und *ananda* (Glückseligkeit) ist. Spirituelles Erwachen, so erfahren wir, bedeutet nicht, etwas zu werden, was wir nicht sind, sondern zu erkennen, was wir sind. Diese Erkenntnis erfordert sowohl intellektuelles Verständnis als auch direkte Erfahrung. Vedanta bietet das intellektuelle Verstehen, und die verschiedenen Techniken des Yoga bieten die direkte Erfahrung.

Obwohl unter Yoga oft lediglich die körperlichen Übungen des Hatha-Yoga verstanden werden, reicht die klassische Bedeutung des Begriffs viel weiter. Abgeleitet von der Wurzel „*yug*" (englisch „yoke", deutsch „Joch") ist Yoga das Mittel, mit dem wir den begrenzten Aspekt unserer Natur mit dem Unbegrenzten, das Veränderliche mit dem Unveränderlichen, das Relative mit dem Absoluten, das Materielle mit dem Geistigen, das Zeitliche mit dem Ewigen verbinden.

Es hat viele große Lehrer des Vedanta gegeben. Als einflussreichster gilt Adi Shankara, von dem die meisten Historiker glauben, dass er im achten Jahrhundert nach Christus gelebt hat. Ihm schreibt man das Verdienst zu, das spirituelle Wissen zu einer Zeit wiederbelebt zu haben, als das religiöse Leben weitgehend ritualisiert war. Während seines kurzen Lebens von dreiunddreißig Jahren reiste Shankara durch ganz Indien und unterrichtete *Advaita Vedanta*, die Vedanta-Schule, die davon ausgeht, dass die Realität letztlich nicht-dual ist (*a-* non; *dvaita* dual).

Shankara war ein äußerst produktiver Philosoph, dem Hunderte von Werken zugeschrieben werden, vor allem seine brillanten Kommentare zu den Prasthanatrayi. Um den Fortbestand seiner Lehre zu sichern, gründete Shankara vier „*Maths*" (Klosterschulen), jeweils einen im Norden, Süden, Osten und Westen Indiens, und setzte seine vier engsten Schüler als Oberhäupter ein. Diese Schüler und ihre Nachfolger tragen bis heute den Titel „Shankaracharya" (*acharya* = Lehrer).

Im 19. und frühen 20. Jahrhundert war die Position des Shankaracharya im nördlichen Math, Jyotirmath, fast 150 Jahre lang nicht besetzt, bis 1941 die Führer aller wichtigen religiösen Institutionen Indiens den großen indischen Heiligen Swami Brahmanand Saraswati (1868–1953) dazu bewegen konnten, dieses hohe Amt zu übernehmen.

Wie Shankara vor ihm belebte Brahmanand die spirituelle Wahrheit in all ihrer Einfachheit und Reinheit wieder und vermittelte sie mit Frische, Klarheit und tiefer Einsicht. Er räumte viele unglückliche Missverständnisse aus, vor allem, dass spirituelle Verwirklichung schwer zu erreichen sei; wenn überhaupt, dann nur von Einsiedlern, die abseits der Gesellschaft lebten, und auch nur nach vielen Jahren mühsamer Praktiken und asketischer Lebensführung.

Brahmanand lehrte, dass spirituelle Erleuchtung ein natürlicher Zustand ist, der von jedem erlangt werden kann, unabhängig von Hintergrund oder Lebensweg. Aufrichtig Suchenden vermittelte er jene alten yogischen Techniken, die die Erfahrung erhabener Bewusstseinszustände erlaubten, wie sie die vedischen Texte beschreiben – ein Wissen, das für allzu lange Zeit in Vergessenheit geraten war. Brahmanand wurde aus allen Gesellschaftsschichten große Verehrung zuteil; er galt als Harmonisierer und Einiger aller Glaubensschulen und wurde vom ersten indischen Präsidenten (Dr. S. Radhakrishnan) als „Inkarnation des Vedanta" bezeichnet, die Verkörperung der allerhöchsten Wahrheit.

Brahmanands Anhänger notierten manche seiner Reden. 1947 veröffentlichte der Ashram einige dieser Reden in einem Buch mit dem Titel „*Shri Shankaracharya Vaksudha*". In den Jahren 1951–53 gab der Ashram etwa siebzig zweimal im Monat erscheinende Rundbriefe mit dem Titel „*Shri Shankaracharya Upadesha*" heraus, die weitere Vorträge enthielten. Kurz vor Brahmanands Tod im Jahr 1953 veröffentlichte der Ashram eine Auswahl von 108 Vorträgen unter dem Titel „*Amrita Kana*". Darüber hinaus machte ein Stenograf sorgfältige Transkripte einer Reihe von Diskursen, die Brahmanand in Mumbai gehalten hatte.

Schließlich wurden in den 1960er-Jahren zwei Hindi-Bücher von Rameshwar Prasad Tiwari, einem Schüler Brahmanands, veröffentlicht. Das erste erschien 1965: eine Biographie von Brahmanand mit dem Titel „*Shri Jyotishoithodaraka*". Das zweite Buch, 1969 veröffentlicht, ist eine Sammlung von 108 Diskursen Brahmanands mit dem Titel „*Shri Shankaracharya Upadesh Amrita*".

In seinen Diskursen drückte Brahmanand die höchste Wahrheit in einfachen Worten wie diesen aus:

„Ihr seid auf allen vier Seiten von Leid und Angst umgeben, weil ihr den Schatz in eurem eigenen Haus vergessen habt. Der Speicher des Glücks ist wahrlich in uns selbst. Die Größe eines Mahatma (einer großen Seele) liegt in euch. Ihr seid die Seele, ihr seid Sat-chit-ananda, reine

Wahrheit, Bewusstsein und Glückseligkeit. Paramatma (das Universelle Selbst) durchdringt das Innere. Er leuchtet in aller Herzen. Wenn der Geist zu Paramatma gelangt, wird er still. Dieser alles durchdringende Paramatma ist die wahre Form des Glücks. Sucht in euch selbst und ihr werdet ihm schnell begegnen.

Übt jeden Tag die heilige Praxis des Dhyana (Meditation) aus. Wenn ein Becken voller Wasser ganz ruhig ist, kann man sein eigenes Gesicht darin sehen. Wenn der menschliche Geist zur Ruhe kommt, erkennt man mit dem Instrument der inneren Vision das unvergängliche Selbst. Dies ist der Darshan (die Schau) von Atman. Wenn man Atman kennt, ist Duhkha (Schmerz, Leiden) für immer zerstört."

Als Shankaracharya galt Brahmanand als großer Einiger all der verschiedenen philosophischen und religiösen Denkschulen. Einer seiner führenden Schüler, Maharishi Mahesh Yogi, schrieb:

„Seine Methode des Dharma-prachar (Prediger der Ewigen Wahrheit) war allumfassend. Er inspirierte alle gleichermaßen und hob jeden in seinem religiösen, ethischen, moralischen und spirituellen Leben an. Er bevorzugte nie eine einzelne Partei. Alle Parteien fanden in ihm die gemeinsame Führungsperson. Alle Differenzen und Unstimmigkeiten der unterschiedlichen Kasten, Glaubensrichtungen und »Sampradayas« – der Schulen und Traditionen – lösten sich in seiner Gegenwart auf, und jede Partei empfand sich als ein Faden im Gewebe der Gesellschaft und war sich bewusst, dass alle Fäden gemeinsam das Tuch bilden und es keinen Vorteil brächte, auch nur einen Faden zu entfernen. Solcherart war seine universale, allumfassende Natur."

Wohin Brahmanand auch reiste, seine natürliche und zugleich charismatische Ausstrahlung zog Scharen von Menschen an. Es hieß, dass allein schon der Anblick (darshan) Brahmanands die Herzen der Menschen mit Glück erfüllte. Maharishi schrieb:

„Seine gesamte Persönlichkeit verströmte immer das gelassene Flair der Spiritualität. Sein Antlitz strahlte jenes seltene Licht aus Liebe, Autorität, Gleichmut und Selbstsicherheit aus, das nur durch ein rechtschaffenes Leben und Verwirklichung des Göttlichen entsteht. Sein Darshan erweckte im Menschen das Gefühl, als habe ein alter Maharishi (großer Seher) aus den Upanishaden wieder Menschengestalt angenommen – und dass es sich lohne, ein gutes Leben zu führen und die Verwirklichung des Göttlichen anzustreben. Seine einfachen Worte bezauberten Kinder wie Alte gleichermaßen. Was immer er sprach, wurde von allen gehört und mit ungeteilter Aufmerksamkeit aufgenommen. Seine sich bewegenden Lippen waren der einzige Brennpunkt für eine Million Augen derer, die sich versammelt hatten, um seinen abendlichen Reden zuzuhören. Gebannt saßen die Zuhörer mit bezaubertem Geist und Herz da.“

Ein Mann, der in seinem späteren Leben als Swami Srikanta Bharathi bekannt war, erinnerte sich ähnlich:

„Als ich 1952 geschäftlich in Lucknow war, hatte ich die Gelegenheit, den Darshan von Guru Dev, Brahmananda Saraswati Swamiji, zu erleben. An diesem Abend sprach er zu einer öffentlichen Versammlung auf den Rasenflächen des Bungalows, in dem er untergebracht war. Fast tausend Menschen hatten sich versammelt, um seine Botschaft zu hören, darunter Bauern, Arbeiter, Studenten, Offiziere usw.

Mahaswamiji sprach spontan eine Stunde lang in schlichtem Hindi, verband Gedanken über philosophische Prinzipien mit nützlichen Hinweisen für das tägliche Leben, wobei er immer das Ziel menschlichen Lebens im Auge behielt: die Erlangung des Heils für alle und jeden, unabhängig von Status oder Stellung. Die Menschen nahmen seine weisen Worte eifrig und konzentriert auf. Eine ganze Stunde verging wie eine Viertelstunde – mit freudigem Strahlen auf jedem Gesicht."

Ein anderer Schüler, Dr. Raj Varma, schrieb:

„Als Swamiji als Shankaracharya inthronisiert wurde, war seine natürliche Erhabenheit unvergleichlich. Sein Gesicht strahlte natürliche Sanftmut, Einfachheit, Reinheit und Ruhe aus. Jedes von ihm gesprochene Wort hatte eine wunderbar magnetische Kraft, die einen großen und tiefen Eindruck auf die Herzen seiner Zuhörer machte."

Ein anderer Schüler, Jugal Kishor Shrivastava, schrieb:

„Wenn er sprach, war das wie der Sonnenaufgang der Weisheit! Innerhalb weniger Augenblicke erlebte ich erstaunliche Gedanken und Gefühle, wie ich sie noch nie zuvor gehabt hatte. Seine Worte waren ein Nektar göttlichen Klangs, der die Seele erweckte. Sie übermittelten die Essenz der Veden und Schriften in einer tiefen, bedeutungsvollen, beruhigenden Sprache, die so einfach war, dass sie leicht auf- und ohne Zögern angenommen werden konnte. Der göttliche Vortrag Guru Devs – verkündet mit einem angenehmen väterlichen Lächeln – war wie der ständige, friedliche Strom von Mutter Ganga, der unstrittige, beglückende und belebende Weisheit in sich trug."

Brahmanands Botschaft wurde nach seinem Tod weitergetragen von seinen beiden Hauptschülern Swami Shantanand Saraswati (1913–1997), der von Brahmanand als Shankaracharya von Jyotir Math bestimmt wurde, und Maharishi Mahesh Yogi (1918–2008), der über sechzig Jahre lang Brahmanands Lehre auf der ganzen Welt verbreitete.

Shantanand, dessen Name „die Glückseligkeit des Friedens" bedeutet, strahlte Gelassenheit und Weisheit aus. Er war würdevoll, aber immer natürlich und gütig. Nie in Eile, bewegte er sich und sprach mit der Einfachheit eines wahren Heiligen.

Maharishi war, wie sein Name treffend sagt, ein großer Seher (*maha* groß; *rishi* Seher). Er war stets von Glückseligkeit erfüllt, lachte frei und oft. Sein Herz war so erfüllt von Liebe, dass es die ganze Menschheit umarmte. Ausgestattet mit scheinbar grenzenloser Energie reiste er über sechzig Jahre lang unermüdlich, um die Lehre Brahmanands in alle Teile der Welt zu bringen.

Diese Kurzbiographie Brahmanands stützt sich auf verschiedene Materialien, darunter auf die 1965 in Hindi veröffentlichte Tiwari-Biographie (von der es drei englische Übersetzungen gibt, die genaueste von Paul Mason), auf die persönlichen Erinnerungen vieler Anhänger Brahmanands und auf verschiedene andere Quellen, die vom *The Guru Dev Legacy Trust* gesammelt und archiviert wurden. Der Autor dankt den vielen Sammlern dieser Quellen und seinen Kollegen vom *The Guru Dev Legacy Trust* für ihre unschätzbare Hilfe.

– Robert C. Sanders

EINE KURZBIOGRAPHIE ÜBER GURU DEV

S wami Brahmanand Saraswati wurde 1868 in einer angesehenen Mishra-Brahman-Familie im Dorf Gana in der Nähe von Ayodhya im Bundesstaat Uttar Pradesh geboren. Seine Familie gab ihm den Namen Rajaram. Als Kind zeigte er ungewöhnliche Reife und Gelassenheit. Als er acht Jahre alt war, schickte ihn seine Familie zum Studium nach Benares, einem alten Zentrum des Lernens. Dort vertiefte er sich in das Studium des Sanskrit und der vedischen Schriften.

Benares in den 1880er Jahren

Während seiner Zeit in Benares beschloss Rajaram, den Lebensweg der Entsagung zu gehen, wie Maharishi Mahesh Yogi, einer seiner Schüler, später schrieb:

„Im zarten Alter von neun Jahren, wenn sich andere Kinder dieser Welt meist auf Spielplätzen tummeln, war in ihm bereits der Gedanke der Entsagung herangereift, und ständiges, tiefes Nachdenken hatte ihn von der Nichtigkeit und Vergänglichkeit weltlicher Vergnügen überzeugt. So früh schon erkannte er, dass wahres, bleibendes Glück nicht ohne die Verwirklichung des Göttlichen erreicht werden kann. Die Freuden und Vergnügungen, die durch die Welt der Erscheinungen erlangt werden, sind bloße Schatten und Zerrbilder des idealen Glücks, der Wonne, die nicht fern vom Menschen, sondern in seinem eigenen Herzen wohnt, nur umhüllt von den dunklen Wolken der Unwissenheit und Verblendung.“

Während seines Studiums in Benares erfuhr Rajaram, dass seine Familie dabei war, für ihn eine Heirat zu arrangieren. Obwohl er heftig protestierte, fuhr die Familie mit ihren Plänen fort. Vor die Wahl gestellt, seiner Familie zu gehorchen oder seinem Herzen zu folgen, entschied er sich für Letzteres. Er beschloss, die Schule zu verlassen und in den Himalaja zu wandern auf der Suche nach einem Guru und spiritueller Erleuchtung. Ohne Vorankündigung verließ er in aller Stille das Schulgelände und begann, westwärts den Ganges entlang nach Prayag (Allahabad), Haridwar, Rishikesh und weiter nach Westen zu wandern. Nach kurzer Zeit erreichte er Prayag, den Ort, wo sich Ganges, Yamuna und der mythische Fluss Saraswati vereinen.

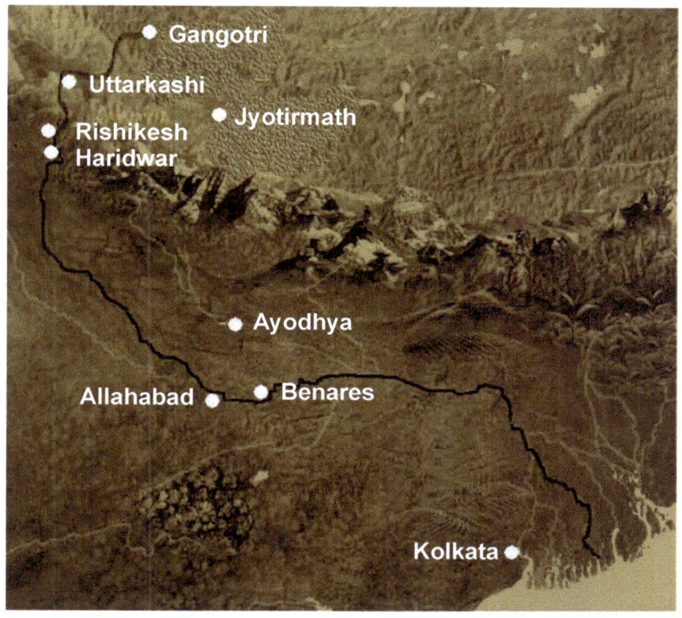

Flusslauf des Ganges

In der Zwischenzeit schlug seine in Panik geratene Familie Alarm, weil er verschwunden war, und setzte eine Belohnung für sein Auffinden aus. Ein Polizist in Prayag erkannte ihn aufgrund eines Fotos auf einem Flugblatt, war aber vom Auftreten und den edlen Bestrebungen Rajarams so beeindruckt, dass er ihn weiterfahren ließ und ihm sogar eine Zugfahrkarte nach Haridwar kaufte. In Haridwar wurde er allerdings von einem weiteren Polizisten aufgegriffen, der ihn – anders als der erste – zu seiner Familie zurückbrachte. Überglücklich über die Rückkehr des Jungen versuchten die Familienältesten ihn zu überreden, die Annehmlichkeiten des häuslichen Lebens anzunehmen und seinen Wunsch nach einem Leben der Entsagung aufzugeben. Aber Rajaram wankte nicht. Verzweifelt rief die Familie den Familien-Guru und bat ihn, den Jungen zu überreden.

Der Guru erkannte jedoch, dass dieser Junge zu Großem bestimmt war, wandte sich an die Familie und sagte: „In eurer Familie ist ein *Dhruva* geboren (in der vedischen Literatur ein heiliger Junge), der eure Gesichter noch vor Stolz erstrahlen lassen wird." In einer letzten Anstrengung flehten die Familienmitglieder seine Mutter an, ihm zu befehlen zu bleiben. Die Mutter war jedoch von den Worten des Familien-Gurus tief bewegt und weigerte sich einzuschreiten. Sie wandte sich an ihren Sohn und sagte: „*Jaao bhajana karo* – Geh und singe Gottes Namen!" Mit diesem Segen zog Rajaram los und kehrte nie wieder zu seiner Familie zurück.

Nach einiger Zeit kam er nach Rishikesh, einem heiligen Ort in den Ausläufern des Himalaya, wo Sadhus (Asketen) und Yogis seit Jahrtausenden *Sadhana* (spirituelle Praktiken) ausübten. Dort begann Rajaram seine Suche nach einem Guru. In den vedischen Texten heißt es, dass der Lehrer „*shrotriyam brahmanishtham*" sein sollte (versiert in den Veden und voll verwirklicht). Rajaram fügte zwei weitere Kriterien hinzu: Sein Lehrer sollte frei von *krodha* (Zorn) und ein *bal brahmachari* (lebenslang im Zölibat lebend) sein. Da er in Rishikesh keinen Lehrer fand, der diese vier strengen Anforderungen erfüllte, zog er weiter. Er reiste von Ort zu Ort und traf viele Lehrer, aber keiner entsprach seinen Vorstellungen.

Rishikesh

Schließlich fand er im Alter von vierzehn Jahren seinen Lehrer im abgelegenen Himalaja-Tal von Uttarkashi. Dieser Lehrer war Swami Krishnanand Saraswati.

Krishnanand nahm den Jungen als Schüler auf und gab ihm den Mönchsnamen Brahma Chaitanya Brahmachari. Obwohl der Junge in Krishnanands Ashram der jüngste Schüler war, machte er schnell Fortschritte. Nach einiger Zeit war er bereit, jene alten Meditationspraktiken zu erlernen, die zur Selbstverwirklichung führen. Krishnanand wusste, dass die älteren Schüler eifersüchtig werden würden, wenn sie wüssten, dass der Junge fortgeschrittene Unterweisungen erhielt, und erdachte einen Weg, den Jungen zu unterrichten, ohne dass die anderen davon wussten.

Swami Krishnanand Saraswati

Er ließ ihn wissen, dass er ihn in vorgetäuschtem Zorn
aus dem Ashram vertreiben und ihm befehlen werde, in
ein nahe gelegenes Höhlengebiet umzusiedeln, ihm aber

erlaube, einmal pro Woche Lebensmittel im Ashram ab-
zuholen. Während dieser Besuche würde er ihm weitere
Unterweisungen geben.

Uttarkashi

Dieser Plan wurde umgesetzt. Unter Krishnanands
Führung machte der Junge stete Fortschritte. Im Alter
von fünfundzwanzig Jahren wurde er „*atmanishth*" (im
Selbst gegründet, selbstverwirklicht). Mit dem Segen sei-
nes Meisters verließ er den Ashram. Von dieser Zeit an
lebte er in Abgeschiedenheit an abgelegenen Orten in
Nord- und Zentralindien, vollständig in atmananda (die
Glückseligkeit des Selbst) versunken.

1906, als Brahma Chaitanya siebenunddreißig Jahre alt
war, traf er Krishnanand auf der Kumbh Mela, der großen spirituellen Zusammenkunft, die alle zwölf Jahre am

Sangam (Zusammenfluss) der Flüsse Ganges, Yamuna und
Saraswati in Prayag stattfindet. Dort bat er Krishnanand,
ihn in *Sanyas*, den Orden der Entsagung, aufzuneh-
men. Krishnanand gab der Bitte statt und gab ihm den
Sanyasinamen Swami Brahmanand Saraswati.

Kumbh Mela, Prayag

Nach der Einweihung in Sanyas lebte Brahmanand weiterhin in Einsamkeit an abgelegenen Orten. Er begab sich
alsbald in die Amarkantaka-Berge, die Quelle des heiligen
Flusses Narmada im Bundesstaat Rewa (heute Teil von
Madhya Pradesh). Als Swami Rama, ein indischer Lehrer,
durch Indien reiste, um berühmte Swamis zu interviewen,
kam er in dieses Gebiet und erfuhr, dass Brahmanand in
den nahegelegenen Dschungeln lebte.

Swami Brahmanand Saraswati

Swami Rama schrieb später über die Begegnung mit Brahmanand:

„Als ich durch die Wälder des Bundesstaates Rewa zog, traf ich im Satana-Wald einen Swami, der sehr gut aussah und in der Tradition von Vedanta und Yoga hoch bewandert war. Er kannte die Schriften und war ein brillanter Sadhaka (spirituell Praktizierender). Er lebte nur von gekeimten Körnern, die mit etwas Salz vermischt waren. Er wohnte auf einem Hügel in einer kleinen natürlichen Höhle in der Nähe eines kleinen Bergsees. Ich wurde von den Dorfbewohnern dorthin geführt, fand aber niemanden und kehrte enttäuscht zurück.

Der kleine Bergsee in den Amarkantaka-Bergen von Rewa

Am nächsten Tag ging ich wieder hin und fand einige Spuren am Rand des Sees, die von seinen Holzsandalen stammten. Ich versuchte, den Spuren zu folgen, aber es gelang mir nicht.

Schließlich, am fünften Tag der Suche, ging ich am frühen Morgen zum See und fand ihn beim Baden. Ich begrüßte ihn mit den Worten „Namo Narayan", einer unter Swamis gebräuchlichen Anrede, die „Ich verbeuge mich vor der Göttlichkeit in dir" bedeutet. Schweigend bedeutete er mir, ihm in seine kleine Höhle zu folgen, was ich gerne tat. Swami Brahmanand hatte unbestreitbar ein hervorragendes Wissen über die Upanishaden und insbesondere über die Kommentare von Shankara. Unter all den Swamis Indiens traf ich nur wenige, die eine solche Brillanz ausstrahlten."

Im Jahr 1930, als Brahmanand einundsechzig Jahre alt war, traf er auf der Kumbha Mela in Prayag erneut mit Krishnanand zusammen. Krishnanand sagte zu ihm: „Du bist lange genug im Dschungel und in den Bergen gewesen. Jetzt solltest du in der Nähe der Städte bleiben, damit du den Menschen helfen kannst."

Von da an wurde es einfacher, Brahmanand zu begegnen, wenn er anlässlich religiöser Feste Städte wie Benares, Prayag und Ayodhya besuchte. Oft blieb er ein paar Tage länger, damit die Menschen seinen Darshan (Anblick) erleben und seine Upadesha (Lehre) hören konnten.

So verbreitete sich Brahmanands Ruhm schnell und weit. Die Menschen im ganzen Land waren voller Stolz, dass wieder einmal ein großer Weiser den Boden Indiens betreten hatte. Wo auch immer er auftauchte, strömten ihm die Massen zu.

Brahmanand

1936, im Alter von siebenundsechzig Jahren, veranlasste Brahmanand den Bau eines Ashrams in Benares. Dieser Ashram, Brahma Niwas genannt, wurde sein Hauptsitz. Er reiste jedoch weiterhin viel umher, um den zahllosen Bitten um seinen Darshan und Upadesh nachzukommen.

Brahma Niwas Ashram, Benares

Wenn Brahmanand Städte besuchte, hielt er sich gewöhnlich im oberen Stockwerk des Gebäudes auf, in dem er untergebracht war. Die Menschenmengen versammelten sich immer auf der Straße und hofften auf seinen Darshan. Jeden Abend gegen neun Uhr brachte ein Brahmachari Brahmanand eine Liste mit den Namen der Wartenden. Nachdem er die Liste durchgesehen hatte, sagte Brahmanand oft: „*aaj nahin milenge*" („es wird heute kein Treffen geben"). Etwa eine Stunde später fragte er den Brahmachari, ob es noch Darshan-Sucher gäbe. Wenn ihm gesagt wurde, dass zwei oder drei geblieben waren, sagte er: „Das sind wahre Sucher" und erlaubte ihnen einzutreten.

Brahmanand weigerte sich strikt, Geld oder Geschenke anzunehmen. Ein wohlhabender Händler in Prayag erzählte Brahmanand einmal, dass er einen wichtigen Gerichtsprozess gewinnen müsse. Brahmanand hörte schweigend zu. Der Händler gewann später den Prozess und schrieb den Erfolg Brahmanand zu. Bei seinem nächsten Besuch stellte er eine dona (Blattschale) mit Jasminblüten zwischen die anderen Blumen, die vor Brahmanand aufgestellt worden waren.

Als ein Brahmachari später die Halle reinigte und die Dona anhob, war er von ihrem Gewicht überrascht. Unter den Blumen entdeckte er Goldmünzen. Als Brahmanand davon erfuhr, wies er seine Anhänger an, dem Händler den Zutritt zu verweigern, falls er zurückkäme. Als der Händler am nächsten Abend eintraf, wurde er angehalten, draußen zu warten. Einige Stunden später erlaubte Brahmanand ihm den Zutritt. Als Brahmanand ihn sah, sagte er: „Warum bietest du uns Geld an? Du enthältst es denen vor, die es begehren, aber du bietest es uns an, die es nicht brauchen. Gib es denen, die es haben wollen. Wenn du hier ein Opfer bringen willst, dann gib deine *Durguna* (Mängel, Fehler) auf."

Viele Anhänger Brahmanands berichteten später über ihre Erfahrungen bei der Begegnung mit ihm. Dr. Raj

Varma, ein Schüler von Brahmanand, sah ihn zum ersten
Mal 1940 in Jabalpur. Er hatte von einem Freund, Shankar
Prasad, erfahren, dass sich ein großer Siddha-Yogi (ver-
vollkommneter Yogi) in der Stadt aufhalte, der jeden
Abend Darshan gebe. Am nächsten Abend kauften sie
Girlanden und gingen zum Darshan. Dr. Varma schrieb
später:

*„Bis dahin hatte ich keine Ahnung, wie ich einem Siddha-
Mahatma gegenübertreten sollte. Also dachte ich, ich sollte
Shankar Prasads Art und Weise folgen, ihm zu begegnen.
Ein Brahmachari stand am Haupteingang. Shankar Prasad
nannte ihm seinen Namen und bat um Erlaubnis für den
Darshan. Der Brahmachari brachte den Namen zu Maharaj
Shri [Brahmanand]. Maharaj Shri gab die Erlaubnis, und
der Brahmachari gewährte uns Eintritt.*

*Maharaj Shri saß in einer Halle auf einem bequemen
Stuhl. Shankar Prasad trat ein und ich folgte ihm. Als er
Maharaj Shri sah, verbeugte er sich und ging dann zu ihm,
um ihn mit einer Girlande zu schmücken. Ich tat dasselbe.
Als ich ihn sah, war ich wie verzaubert.*

*Anstatt zur Seite zu treten und Platz zu nehmen, setzte
ich mich neben seine Sandalen. Bezaubert von seiner göttlichen Ausstrahlung, verlor ich mich in seiner Erhabenheit.
Ein oder zwei Minuten lang saß ich auf diesem Platz, aber
dann dachte ich, es könnte eine Beleidigung sein, so dicht
direkt vor ihm zu sitzen.*

*Also stand ich auf und trat zur Seite. Ich beobachtete, ob er
sich wohl an meinem unschicklichen Sitzen in seiner unmit-
telbaren Nähe gestört hatte, aber ich sah keine Veränderung
in seinem Gesicht, als ob nichts geschehen wäre. Ich war*

froh, dass ich mich offensichtlich nicht ungebührlich verhalten hatte.“

Maharishi Mahesh Yogi begegnete Brahmanand zum ersten Mal während eines Sommerurlaubs als Student der Universität Allahabad. Er hatte von Freunden gehört, dass in einem Haus im Wald ein Heiliger wohnte, der abends manchmal Darshan gewährte. Eines Nachts machte sich Maharishi mit seinen Freunden auf den Weg zu diesem Haus. Ein Brahmachari an der Tür sagte ihnen, sie sollten draußen warten. Nach einer halben Stunde kam er zurück und führte sie auf eine Veranda im Obergeschoss, die völlig dunkel war. Maharishi spürte, dass jemand auf einem Stuhl saß. Später erinnerte er sich:

„Wir setzten uns leise hin. Wir fanden zwei oder drei weitere Männer vor, die ebenfalls dort saßen. Niemand sprach, alles war dunkel. Etwa fünfzehn, zwanzig Minuten vergingen, da fuhr in der Ferne ein Auto vorbei, dessen Scheinwerfer die Terrasse streifte, und das war mein erster Anblick von Guru Dev. Das kurze Aufleuchten des Scheinwerfers, als das Auto abbog, war gerade genug, um einen flüchtigen Blick von ihm zu erhaschen. Und in diesem Augenblick dachte ich: Ja, die Zeit scheint gekommen zu sein.“

In den folgenden Tagen kehrte Maharishi in das Haus zurück und fragte Brahmanand bei einem dieser Besuche, ob er in seinen Dienst treten könne. Brahmanand erwiderte, er solle zuerst seine Studien abschließen. Als Maharishi fragte, wie er ihn danach finden würde, antwortete Brahmanand: „Oh, du wirst mich schon irgendwo finden.“

Adi Shankara, der große indische Heilige und Philosoph, errichtete im Norden, Süden, Osten und Westen Indiens vier Klosterschulen (math) und setzte jeweils einen seiner vier Hauptschüler an die Spitze. Diese Jünger und deren Nachfolger wurden als Shankaracharyas bekannt. Der Sitz des nördlichen Maths *Jyotirmath* war seit 1833 unbesetzt, da sich niemand fand, der als ausreichend qualifiziert galt. Viele Jahre lang hatten die religiösen und politischen Führer Nordindiens über die Notwendigkeit diskutiert, jemanden zu finden, der würdig sei, diesen Sitz zu besetzen.

Das Thema wurde 1908 im *Bharat Dharma Mandal* (Kongregation der religiösen Führer Indiens) diskutiert und in den 1930er Jahren erneut aufgegriffen. Am Ende dieses Jahrzehnts gab es einen Konsens darüber, dass der Sitz Swami Hariharananda (damals bekannt als Swami Karpatri) angeboten werden sollte. Karpatri war ein angesehener Sanskrit-Gelehrter und der Gründer der Ram Rajya Parishad, einer politischen Hindu-Partei. Karpatri lehnte jedoch ab, da er seine politischen Aktivitäten fortsetzen wollte. Er empfahl, den Sitz mit Brahmanand zu besetzen, der seit 1927 sein Guru war.

B. D. Tripathi schrieb in seinem Buch „Sadhus of India: The Sociological View", dass Karpatri damit beauftragt wurde, Brahmanand um die Annahme des Sitzes zu bitten. Als Karpatri diesen Antrag stellte, sagte Brahmanand: „Ihr wollt einen Löwen anketten, der sich frei im Dschungel bewegt. Aber wenn ihr dies wollt, werde ich eure Worte respektieren und die Leitung des Sitzes auf mich nehmen.

Indem ich diese Verantwortung übernehme, diene ich der Sache, für die Adi Shankaracharya stand."

Das Datum der Einsetzung Brahmanands wurde auf den 8. März 1941 in Benares festgesetzt. Hatte Brahmanand zunächst zugestimmt, das Amt anzunehmen, so hatte er inzwischen seine Meinung offenbar geändert. Am 6. März 1941, zwei Tage vor der feierlichen Einsetzung, kam die Nachricht, dass er die Brahma Niwas verlassen habe und nirgendwo zu finden sei. Dies sorgte für große Aufregung.

Einige schlugen vor, einen Alternativkandidaten zu wählen und einzusetzen. Swami Gyananand, ein angesehenes Mitglied des Bharat-Dharma-Mahamandals, riet davon ab und schlug vor, in einer so wichtigen Angelegenheit Vorsicht walten zu lassen. Daraufhin wurden Telegramme und Briefe verschickt, in denen die Zeremonien abgesagt wurden. Gleichzeitig wurde Brahmanand überall gesucht. Drei Wochen später kam die Nachricht, dass er zu den Brahma Niwas zurückgekehrt sei.

Innerhalb einer Stunde trafen die religiösen Führer als Gruppe ein und flehten ihn an, den Posten anzunehmen. Brahmanand hörte zu, schwieg aber. Sie nahmen sein Schweigen als Zustimmung und ließen sich von dem Motto leiten: „Tue Gutes schnell."

Am nächsten Morgen, dem 1. April 1941, wurde Brahmanand im Alter von zweiundsiebzig Jahren als Shankaracharya von Jyotirmath eingesetzt.

Brahmanand 1941 nach seiner Einsetzung als
Shankaracharya von Jyotirmath

Als Shankaracharya beaufsichtigte Brahmanand den Bau eines Ashrams auf dem Gelände, wo vermutlich Adi Shankaras Ashram in Jyotirmath gewesen war.

Zudem errichtete er 1950 einen Ashram in Prayag: den Shri Shankaracharya Niwas Ashram in Alopibagh.

Der von Brahmanand errichtete Ashram

32

Shri Shankaracharya Niwas Ashram in Alopibagh

Statue von Brahmanand im Prayag Ashram in Alopibagh

Nachdem Brahmanand zum Shankaracharya von Jyotirmath ernannt worden war, trat Maharishi (damals Mahesh Brahmachari) in den Ashram von Brahmanand in Benares ein, wo er schließlich Brahmanands Sekretär wurde und sich um die gesamte Korrespondenz und Terminplanung kümmerte.

Brahmanand im Ashram von Brahma Niwas
in Benares mit Maharishi ganz rechts

Brahmanand wurde immer mit großem Pomp und Zeremonien begrüßt, wohin er auch kam. Die Einheimischen schmückten die Straßen, und die Luft war erfüllt von Kirtan (religiösem Gesang), begleitet von Trommeln, Zimbeln, Gongs und Glocken. Brahmanand nahm diese Begrüßungen an, da sie Brauch und Tradition entsprachen, hielt aber strikt an seinem Verbot fest, ihm Geld oder Geschenke darzubringen. Er sagte jedoch, dass es ein Angebot gäbe, das er annehmen würde:

„Wir sehen, dass von allen Dingen, die vom Menschen geliebt werden, die Durguna (Mängel, Fehler) die begehrtesten sind. Der Mensch ist nicht bereit sie loszulassen. Reichtum gibt er aus, Schande trägt er, aber seine Fehler sind ihm lieb und teuer. Bietet mir eure liebsten Fehler an. Solche Geschenke nehmen wir an."

Einmal sagte ein Mann, der als wohlhabend galt, zu Brahmanand: „Ich bin so glücklich, wann immer ich Sie besuche. Würden Sie mir erlauben, etwas für Ihren Ashram zu spenden?"

„Nein", antwortete Brahmanand, „ich will nicht dein Geld, sondern das, was dir am liebsten ist."

Der Mann fragte: „Wollen Sie meine Ländereien?"

„Nein", sagte Brahmanand, „du besitzt sie nicht wirklich, weil sie verpfändet sind."

Als er das hörte, bekam der Mann Angst, denn er wusste, dass er nichts verbergen konnte.

Brahmanand fuhr fort: „Du hast eine kleine Schachtel in deiner Tasche. Der Inhalt ist das, was ich will, denn er ist dir am liebsten. Für dieses Kokain hast du all dein Geld ausgegeben und deine Familie unglücklich gemacht. Wenn du mir etwas anbieten willst, dann nicht dein Geld, sondern deine Verfehlungen, damit du erlöst und geheilt wirst."

Der Mann nahm die kleine Schachtel aus der Tasche und übergab sie Brahmanand. Dann verbeugte er sich, erhob sich und dankte Brahmanand dafür, dass er ihn von seiner Sucht befreit hatte. Darauf sprach Brahmanand: „Geh jetzt arbeiten und mach deine Familie glücklich."

Es wird berichtet, dass Brahmanand oft diese Art von Siddhis (yogische Kräfte) zeigte. Pater William Cenkner, ein katholischer Priester, schrieb in seinem Buch „*A Tradition of Teachers: Shankara and the Jagadgurus Today*":

„*Die Shankaracharyas sind keine öffentlichen Wundertäter und werden nicht wegen der Demonstration yogischer Kräfte aufgesucht. Die einzige Ausnahme war der frühere Guru von Jyotirmath [Brahmanand], der Wunder vollbrachte, wie das Entzünden ritueller Feuer und die Herstellung von Prasada(Speise)-Opfergaben, was die Priester des Badrinath-Tempels beunruhigte.*"

Eine weitere Demonstration von Siddhis soll stattgefunden haben, als Brahmanand einst am Ganges in Allahabad ein Lager aufgeschlagen hatte. Einheimische Gegner des Fischfangs befanden sich in einem heftigen Konflikt mit einigen Fischern. Die beiden Seiten wandten sich an Brahmanand, um ihren Streit beizulegen. Brahmanand bat sie, ihm eine Handvoll Kieselsteine zu bringen. Er hielt diese für einen Moment in der Hand und wies die Leute an, sie in den Fluss zu werfen. Dann sagte er ihnen, sie sollten nach Hause gehen und am Morgen zurückkehren. Als die Fischer zurückkamen, um den nächtlichen Fang einzuholen, sollen sie keinen einzigen Fisch gefunden haben.

Eine weitere Begebenheit ereignete sich in Jabalpur, wo sich Brahmanand manchmal mehrere Monate lang aufhielt. Jugal Kishor Shrivastava, ein Hausvater und Schüler von Brahmanand, der den Ashram regelmäßig zum Darshan besuchte, hörte von den älteren Schülern gerne Geschichten über Brahmanands frühe Jahre. Eines Tages bat er Pandit Kuber Dutta Ojhaji, ihm einige Geschichten zu erzählen.

Kuber Dutta lehnte ab und sagte: „Nein, Bhaiyaji (lieber Bruder), Maharaj Shri hat uns gesagt, dass wir ablehnen sollten, wenn ein Anwärter etwas über seine früheren Jahre erfahren möchte. Wenn ich dir Geschichten erzählen würde, würde er mich heute Abend oder morgen nach Hause schicken."

Brahmanand 1947 in Jabalpur

Jugal Kishor wusste, dass der Pandit eine Schwäche für Papayas und Zitronen hatte. Eines Tages brachte er einige davon mit, bot sie dem Pandit an und bat ihn, einige Geschichten zu erzählen. Der Pandit gab der Versuchung nach und sagte: „Gut, Bruder! Wenn du darauf bestehst. Aber du wirst sehen: Morgen findest du mich nicht mehr im Ashram." Als Jugal Kishor am nächsten Tag in den Ashram kam, war der Pandit verschwunden. Als er nachfragte, erklärte ihm Brahmachari Mahesh: Als die Ashrambewohner sich am Vorabend vor Brahmanand verneigten (pranam machten – respektvoll verbeugten), habe dieser zu Kuber Dutta gesagt: „Du warst schon lange nicht mehr zu Hause bei deiner Familie. Bleib eine Weile dort und kehre dann wieder zurück."

Im Dezember 1950 nahm Brahmanand an einer Versammlung der Gesellschaft der indischen Philosophen in Kalkutta teil. Dort wurde er in einer Ansprache von Richter Radhabinod Pal vom Obersten Gerichtshof von Kalkutta gewürdigt:

„Heute sind wir hier, um seiner Heiligkeit Shri Jagadguru Shankaracharya Ananta Sri Vibhushit Swami Brahmanand Saraswati von Jyotirmath, Badarikashram, zu huldigen – dem vollkommenen Menschen und Meister, dem Seher, dem Weisen, der unter den Milliarden von Weltbürgern einer der wenigen ist, die wir ohne Zögern auswählen würden, wenn wir aufgerufen wären, den spirituellen und kulturellen Reichtum unserer Nation zu beschreiben."

Während der Versammlung in Kalkutta wurde die Residenz von Shri Shankaracharya in der Kamariya-Villa an der Lake Road eingerichtet. Von der oberen Terrasse des Herrenhauses hatte man einen Blick auf den Rabindrasarovar-See. Maharishi erinnerte sich daran, wie er eines Abends mit Brahmanand auf der Terrasse des Herrenhauses im Mondlicht saß und in Brahmanands Gegenwart tiefe Glückseligkeit empfand:

„Mein Herz hüpfte vor Glück und quoll über vor Hingabe im Ozean der Liebe. Es war, als würde meine Seele vor

Glückseligkeit von innen heraus bersten, während draußen der stille, bodenlose Ozean der süßen Liebe von Guru Dev lag. Wellen plätscherten aus diesem Ozean und fielen dann wieder auf Guru Devs Füße und begannen vor Freude zu tanzen. Ich fühlte mich, als seien meine Hände, Beine und alle anderen Körperteile einschließlich meiner Sinne, meines Geistes und Intellekts von dieser Glückseligkeit erfüllt. Jede einzelne Pore meines Körpers quoll über von der Erfahrung, in der Nähe dieser großen und glückseligen Seele namens Brahmanand zu sein. Es war, als ob meine Sinne, mein Verstand und mein Intellekt zusammen Sat-Chit-Ananda (Wahrheit, Bewusstsein, Glückseligkeit) zur gleichen Zeit erfuhren. Sat-Chit-Ananda, das von meinen Sinnen erlangt, von meinem Verstand erreicht und von meinem Intellekt mit der Gnade eines Seitenblicks von jenem transzendentalen Höchsten Wesen, das unbeschreiblich, unmerklich und undefinierbar ist, begriffen wurde. Mein physischer und feinstofflicher Körper wurden in dieser Glückseligkeit absorbiert."

Maharishi erinnerte sich daran, dass dieser Moment der Verschmelzung mit seinem Lehrer unterbrochen wurde, als ein Brahmachari verkündete, dass drei angesehene Teilnehmer der Konferenz um eine Audienz bei Brahmanand baten. Bei diesen Besuchern handelte es sich um Dr. Sarvapalli Radhakrishnan, den späteren Präsidenten Indiens, und zwei westliche Philosophen. Nachdem sie auf die Terrasse geführt worden waren und vor Brahmanand saßen, fragten sie ihn, wie der Darshan (Sehen, Verstehen) des Vedanta gewonnen werde. Brahmanand antwortete:

„Die Wahrheit des Vedanta wird spontan durch das Licht des Selbst erlangt. Kein anderes Licht ist notwendig, um sie zu entdecken.“

Daraufhin fragten die Besucher: „Aber gewiss können doch die Sadhana (die spirituellen Praktiken), die in der Veda-Shastra (den vedischen Texten) dargelegt werden, nicht als nutzlos bezeichnet werden?“

Brahmanand antwortete:

„Die Sadhana sind nicht dazu da, Brahman (die Höchste Realität) sichtbar zu machen. Ihre Rolle besteht nur darin, Avidya (Unwissenheit) zu vertreiben. Das Sadhana vermindert Avidya, es bringt nicht das Licht Brahmans zum Vorschein. Dieses Licht ist spontan. Man braucht kein anderes Licht, um es zu sehen. Es ist kein Licht erforderlich, um das zu sehen, was aus sich selbst heraus strahlt. Vor Sonnenaufgang beginnt die Morgendämmerung, aber der Tagesanbruch dient nur dazu, die Dunkelheit der Nacht zu vertreiben. Er dient nicht dazu, die Sonne sichtbar zu machen. Die Sonne leuchtet von selbst. Wie viel Sadhana auch immer gemacht wird, so viel Avidya wird vermindert. Atma (die Seele) wird nicht erleuchtet. Atma ist das Licht selbst.“

1952 reiste Maharishi im Vorfeld eines von Brahmanand geplanten Besuchs nach Delhi. Auf einer Pressekonferenz, die den Besuch ankündigte, sagte Maharishi:

„Swami Brahmanand Saraswati Maharaj, der gegenwärtige Shankaracharya von Jyotirmath Badarikashram (im Himalaya), ist eine charismatische Persönlichkeit, die in wunderbarer Weise hohe Weisheit und Liebe zur Menschheit vereint. Er verbindet in sich selbst die Erkenntnis des Selbst mit den geheimnisvollen Kräften – den Siddhis –, die aus

yogischer Vollkommenheit und harter Disziplin entstehen, die er sein Leben lang praktiziert hat. Er ist ein großer lebender Yogi und Gelehrter und wird von Millionen von Hindus als ihr höchstes religiöses Oberhaupt verehrt.

Sein Lebensziel – wenn man sagen kann, dass das Leben einer verwirklichten Seele ein solches Ziel besitzt, – besteht darin, die Botschaft des großen göttlichen Lichts zu verbreiten, das er selbst verwirklicht hat; das Licht, das die Seele aller Menschen ist. Nachdem er selbst den Gipfel der Selbstentwicklung erreicht hat, zielt er darauf ab, die weltlich gesinnten Menschen in göttlich gesinnte umzuwandeln und durch seine innere göttliche Berührung die materialistischen Herzen aus Eisen in spirituelle Herzen aus Gold zu verwandeln.

Seine gesamte Persönlichkeit verströmt reine Spiritualität. Sein Antlitz strahlt jenes seltene Licht aus Liebe, Autorität, Gleichmut und Selbstvertrauen aus, das nur durch ein rechtschaffenes Leben und Verwirklichung des Göttlichen entsteht. Man hat das Gefühl, als habe irgendein alter Maharishi aus den Upanishaden menschliche Gestalt angenommen, und dass es sich lohnt, ein gutes Leben zu führen und nach der Verwirklichung des Göttlichen zu streben. Seine spirituellen Lehren sind einfach und klar und berühren unmittelbar das Herz. Er hält sich strikt an die Pfade zur inneren Entwicklung, die in den Systemen der indischen Philosophie und Ethik dargelegt werden, und erhebt seine Stimme nie im Widerspruch, sondern immer in voller Unterstützung der Wahrheiten und Prinzipien, die im Konzept des Dharma der indischen Schriften enthalten sind."

Brahmanand wurde in Delhi mit den Rufen „Shankaracharya ki jai ho!" (Ehre dem Shankaracharya!) begeistert empfangen. Tausende von Menschen kamen täglich zu seinem Darshan und um seine Reden zu hören.

Der Präsident Indiens, Dr. Rajendra Prasad, bat um ein Treffen und besuchte Brahmanand in der Canning Lane 7, wo Brahmanand untergebracht war.. Die beiden unterhielten sich anderthalb Stunden lang, wobei Brahmanand erläuterte, wie das Leben des Einzelnen und der Gesellschaft zum gegenseitigen Nutzen sowohl des Herrschers als auch der Beherrschten verbessert werden könnte. Der Präsident hörte aufmerksam zu, blieb über die vorgesehene Zeit hinaus und ging erst, als Brahmanand andeutete, dass das Treffen beendet sei.

Indiens Präsident Dr. Rajendra Prasad mit Brahmanand in Delhi am 4. Dezember 1952

Im Jahre 1953, im Alter von vierundachtzig Jahren, reiste Brahmanand nach Kalkutta. Dort verschlechterte sich sein Gesundheitszustand. Nach der Visite eines Arztes am frühen Nachmittag des 20. Mai 1953 ruhte sich Brahmanand einige Minuten lang aus, öffnete dann die Augen und sagte: „Richtet mich auf." Er saß mit gekreuzten Beinen, schloss die Augen und verließ um 13.15 Uhr seinen Körper, um in *Mahasamadhi* einzugehen.

Die Nachricht vom Ableben Brahmanands verbreitete sich schnell in Kalkutta und im ganzen Land. *All India Radio* strahlte die Nachricht aus und kündigte an, dass Brahmanands sterbliche Hülle für die letzten Riten nach Benares gebracht würden. Eine Atmosphäre von Schock und Trauer erfasste die ganze Nation. Fromme Menschen aus allen Teilen des Landes begannen, nach Benares zu strömen. Unterdessen wurde Brahmanands Leichnam in Kalkutta – sitzend auf einem geschmückten Lastwagen platziert – zum Bahnhof gebracht und in einem speziell geschmückten Waggon im Nachtzug nach Benares überführt. In Benares wurde der Leichnam zum Ashram von Brahma Niwas gebracht und im Hof auf einer dekorierten Bahre aufgebahrt, damit seine Schüler den letzten Darshan erhalten konnten. Danach wurde er in einem offenen Lastwagen sitzend nach Dashashvamedha Ghat zur jala pravaha (Überführung der sterblichen Hülle ins Wasser) gefahren. Der Lastwagen fuhr langsam zum Fluss, angeführt von einer Polizeikapelle, die Shenai (indische Klarinette) spielte, gefolgt von Pandits und Sanyasins, die die Veden rezitierten und Kirtan sangen.

Benares in den frühen 1950er Jahren

Am Fluss warteten Zehntausende von Menschen. Abhisheka (ein Andachtsritual) wurde durchgeführt. Dann wurde der Leichnam auf eine Bajara (eine Barke) gelegt, die mit Sanyasins, Pandits und Devotees besetzt war, und zum Kedareshware Mahadev Mandir, einem Tempel am Flussufer, gebracht. Der Leichnam, *Kamandalu* (Wassertopf) und *Danda* (Stab) wurden dann in einem Steinsarg in ein kleineres Boot gelegt. Als die Dunkelheit hereinbrach, fuhr dieses Boot mit einer Flottille anderer in die Mitte des Flusses. Während die Boote sanft schaukelten und die Pandits rezitierten, wurde der Sarg in den Fluss gesenkt.

Brahmanand hinterließ zwei Verfügungen. Die erste benannte Swami Karpatri als seinen Nachfolger. Karpatri erklärte Brahmanand jedoch, dass er seine politischen Aktivitäten fortsetzen wolle. Brahmanand verfasste daher am 18. Dezember 1952, sechs Monate vor seinem Tod, einen zweiten letzten Willen in Delhi. Dieser benannte Swami Shantanand mit drei Stellvertretern zu seinem Nachfolger. Am 12. Juni 1953, drei Wochen nach Brahmanands Tod, wurde Shantanand als Shankarachraya von Jyotirmath im Brahma Niwas Ashram in Benares eingesetzt.

Die Botschaft Brahmanands wurde von Shantanand als Shankaracharya und von Maharishi als internationalem Gesandten weitergetragen. Sie waren für ihre jeweiligen Rollen bestens geeignet. Shantanand strahlte jene seltene Kombination von Würde und entwaffnender Wärme aus, die man bei großen Weisen findet. Maharishi, der fließend Englisch sprach und mit scheinbar grenzenloser Energie gesegnet war, brachte über sechzig Jahre lang Menschen auf der ganzen Welt Brahmanands Lehre nahe.

Shantanand und Maharishi vermittelten die Lehre Brahmanands mit der gleichen Einfachheit wie ihr Lehrer. Shantanand sagte:

„Das Himmelreich im Inneren ist die Quelle von Frieden und Glückseligkeit. Taucht mit Hingabe dort ein und schwimmt sanft in diesem glückseligen Himmel, der in euch ist. Wenn wir uns in die Meditation begeben, erreichen wir eine spirituelle Welt, in der Stille herrscht wie in einem tiefen, ungestörten Ozean. Es gibt keine Bewegung, keine Wellen, keine Strömungen, alles ist absolut unveränderlich. Unterbrecht für zwei halbstündige Meditationen am Tag

alle Pflichten und Verpflichtungen; gebt euch vollständig der einzigen Fürsorge und dem Schutz des Paramatman (des Universalen Selbst) hin. Er wird euch von allen üblen Folgen erretten, und darin liegt das Ende all eurer Sorgen."

Shantanand nach seiner Einsetzung als
Shankaracharya von Jyotirmath

Zum gleichen Thema sagte Maharishi:

„Das Leben hat zwei Hälften, zwei Aspekte: den inneren und den äußeren. Der äußere ist der vorübergehende, sich ständig verändernde Aspekt; der innere ist der dauerhafte, sich nie verändernde Aspekt. Dieser innere, sich nie verändernde Aspekt ist voller Glückseligkeit.

Es ist leicht, die glückselige Natur des inneren Lebens durch die einfache Praxis der Meditation zu erfahren. Schon eine halbe Stunde tägliche Sitzung morgens und abends reicht völlig aus, um euch auf den hohen Sockel spiritueller Herrlichkeit zu erheben und gleichzeitig eure Handlungsfähigkeit im täglichen Leben deutlich zu steigern.

Einfach eintauchen, eintauchen ins Selbst und dann wieder herauskommen. Denken, Sprechen und Handeln werden dadurch kraftvoller und lohnender. Wenn unser Geist klar ist, haben wir mehr Kreativität, Weisheit, Frieden und Glück. Ihr könnt die Welt mehr genießen, und andere erfreuen sich an eurer Anwesenheit."

In der Lehre von Brahmanand und seinen Anhängern finden wir unbegrenzte Schätze. So wie die Sonne den Morgennebel vertreibt, so vertreibt sie alles Leid. Es ist wie der Duft eines Sommergartens, wie auf einem Fluss glitzerndes Licht, wie ein orangefarben glühender Abendhimmel. Es ist die höchste Wahrheit, die höchste Weisheit. Möge sie weit ausstrahlen. Mögen die Menschen überall in grenzenlosem Glück und Erfüllung leben.

Jai Guru Dev

Brahmanand

Shantanand

Maharishi